DE L'INCENDIE

DE

BERCY.

DE L'INCENDIE

DE BERCY.

Les pertes causées par l'incendie de Bercy sont d'une nature d'autant plus grave qu'elles entraînent à la fois la ruine d'une foule de commerçans, celle d'un grand nombre de propriétaires, la gêne de beaucoup de personnes qui avaient des relations directes avec les uns ou avec les autres, et qu'enfin elles portent une forte atteinte à la propriété foncière même : c'est en les examinant sous tous ces rapports que l'on prouvera facilement que le gouvernement est intéressé à venir au secours des victimes de ce désastre.

La masse des vins détruits par l'incendie est d'environ 60,000 pièces, dont la valeur totale doit être estimée au moins à 5,000,000.

Les départemens qui avaient fourni cette quantité de marchandises, et qui alimentent ordinairement les entrepôts de la Rapée, sont en très-grand nombre (1).

On peut diviser en deux classes les commerçans qui avaient leurs magasins à la Rapée : les commissionnaires et les marchands.

Les commissionnaires n'ont point de marchandises pour leur compte particulier, ils en reçoivent pour celui de marchands ou de particuliers qui les chargent ordinairement de la vente. On pourrait penser, d'après cela, que le commissionnaire a dû être désintéressé dans l'incendie, du moment où sa propriété était assurée contre un pareil fléau (2) ; mais l'on se

---

(1) Ce sont ceux de l'Allier, l'Aude, Bouches-du-Rhône, Charente, Charente-Inférieure, Cher, Côte-d'Or, Gard, Haute-Garonne, Gers, Gironde, Hérault, Indre-et-Loire, Loir-et-Cher, Loire-Inférieure, Loiret, Lot, Maine-et-Loire, Marne, Nièvre, Puy-de-Dôme, Basses-Pyrénées, Hautes-Pyrénées, Pyrénées-Orientales, Rhône, Saône-et-Loire, Tarn, Var, Yonne.

(2) Nous ne faisons point entrer dans le calcul des pertes, celles des bâtimens qui étaient assurés et dont la valeur a dû être remboursée par les compagnies d'assurance.

(5)

tromperait étrangement : les marchands et les propriétaires qui se déterminent à entreposer chez les commissionnaires, reçoivent tous, sans exception, une partie de la valeur des marchandises. Cette avance ne rentre au commissionnaire qu'après la vente. Elle est souvent du tiers à la moitié de la valeur de la marchandise. Si le gage périt par un événement imprévu, l'avance sur le gage se trouve bien aventurée ; car on sait que ce sont ou des marchands, ou des propriétaires peu aisés qui ont entreposé, ou de très-forts spéculateurs qui ont placé là tout leur avoir, et quelquefois au-delà, suivant le crédit plus ou moins étendu qu'ils pouvaient avoir dans les vignobles. Les uns et les autres sont ruinés sans retour par une catastrophe pareille à celle de la Rapée : le marchand et le spéculateur par l'anéantissement total du capital et du crédit ; le propriétaire parce que le déficit d'une seule année de son revenu le place dans une position telle, qu'il est obligé d'emprunter à un taux qui, quelque modéré qu'il soit, est toujours au-dessus de ce que le sol produit annuellement. On conviendra que dans l'une ou l'autre hypothèse, le sort des commissionnaires n'eu devient pas meilleur ; il perd, sur la totalité des marchandises consignées chez lui, des sommes considérables ; et, ce qu'il y a de pire, c'est qu'il peut ne plus se trouver en mesure pour offrir les avantages que nécessitent les opérations en consignations. Ces réflexions ne m'ont point été suggérées par un intérêt personnel , puisque je ne reçois point de marchandises pour le compte d'autrui ; mais j'ai pensé que l'on s'était mépris sur la position réelle des commissionnaires , et j'ai cru qu'il était dans la justice, de détruire une idée fausse.

Mais je dois également en convenir, quelle que soit la position du commissionnaire, celle du marchand travaillant pour son propre compte, est bien plus fâcheuse. Celui-là conserve du moins l'espoir d'un recouvrement. Celui-ci perd, sans retour, tout ce qu'il possède en marchandises. On le sentira mieux encore lorsque l'on aura bien posé la question.

Ou le marchand qui a perdu tout son avoir,

faisait de fortes affaires, ou il en faisait de peu considérables. Dans ce dernier cas, ou il travaillait sur son propre capital, ou il était soutenu par un crédit quelconque. S'il travaillait avec ses seuls fonds, il n'avait aucune de ces ressources de crédit qui n'appartiennent ordinairement qu'aux affaires majeures. Il a commencé par être commis ou garçon de cave. Il faut qu'il recommence un état où il a fait quelques économies. Mais l'âge de la force est passé ; le moral est affaibli ; et hors d'état de travailler pour lui, il n'est que trop souvent devenu incapable de travailler pour les autres.

Quand même avant son désastre il aurait usé du crédit, serait-ce une raison pour qu'il l'aie conservé depuis ? On plaint l'homme malheureux, mais le secoure-t-on efficacement ? Le peut-on toujours ? Les hommes pris isolément donnent des adoucissemens à des plaies profondes. C'est aux gouvernemens seuls qu'il appartient de les cicatriser.

Sur près de sept cents incendiés, plus de six

cents peuvent être rangés dans la classe que je viens de désigner.

Parmi les autres, nous trouvons des maisons qui avaient donné un grand essor à leurs affaires. Tous les vignobles étaient, pour ainsi dire, à leur disposition. L'étranger était à leurs ordres pour leur fournir les vins que notre sol ne produit pas. Elles sont ruinées. Si quelques-unes se soutiennent encore, ce n'est que par des efforts inouis de courage et d'activité. Ce n'est que parce qu'elles avaient prouvé, pendant une longue suite d'années, ce qu'elles savaient faire, qu'elles ont conservé du crédit. Mais le jeune homme qui joignait à l'ardeur de son âge, l'intelligence qui fait pressentir le succès ; mais l'homme déjà âgé ou même au milieu de sa vie, à qui un pareil événement enlève une partie de sa force physique et morale, frappés à la fois l'un et l'autre, sont abattus sans retour, si une force puissante ne vient les relever.

Et dans de telles circonstances, que l'on ne pense pas que le marchand seul soit atteint. Les intérêts du propriétaire sont également blessés.

Il partage malgré lui l'inquiétude générale. Effrayé des conséquences d'un pareil désastre, il ne sait plus à qui se livrer, il craint jusqu'au marchand qui n'a pas été victime. Ses conditions devenant plus sévères ne sont acceptées que par un moindre nombre de maisons. Il n'est point à portée de faire la part de la probité qui, quoique malheureuse, est toujours la probité en qui on doit avoir confiance. La concurrence s'établit plus difficilement, et à moins de circonstance imprévue, telle qu'une gelée subite, le produit de la propriété dépérit entre ses mains. Quelquefois, lassé d'attendre, il tombe dans l'autre extrême; il finit par se confier au premier venu, et il éprouve des pertes qu'il n'aurait pas essuyées si le cours ordinaire des affaires n'avait pas été interrompu.

D'ailleurs, un événement de cette nature entraîne une diminution notable dans la consommation. Les victimes directes du désastre ne sont pas les seules qui en éprouvent les effets. N'ont-elles pas une famille, des amis attristés par leur détresse? N'ont-elles pas surtout des créanciers qui se trouvent à leur tour froissés par le retard des paiemens ou par la perte de leurs capitaux? On se fait trop souvent des idées peu exactes des résultats de semblables malheurs. La chute d'une maison de commerce, quel que soit le plus ou le moins d'étendue de ses affaires, entraîne ordinairement celle de plusieurs autres. Combien n'en existe-t-il pas qui font honorablement leurs affaires, qui remplissent exactement leurs engagemens, mais qui ont besoin pour cela de rentrées fixes et certaines! Que l'on juge de leur position lorsque, par un événement imprévu, ces rentrées sont tout-à-coup arrêtées. On a dit avec raison que tout se tenait dans le monde physique ainsi que dans le monde moral. Aucune classe de la société ne peut souffrir sans que toutes les autres ne s'en ressentissent. Lorsque les pertes sont isolées, le mal quoique moins sensible, n'en est pas moins réel; mais lorsqu'elles atteignent un grand nombre de commerçans, c'est alors que le-mal devient immense. On a pu s'en convaincre à diverses époques, plus particulièrement encore lors de l'incendie de Bercy. Cet événement avait jeté une espèce de terreur dans les affaires commerciales; on vit le mal plus grand encore qu'il n'était. Hélas! il suffisait de s'en tenir à la réalité.

Dans la triste position où se trouvaient les incendiés de Bercy, ils s'adressèrent à toutes les autorités; des moyens furent proposés, tous furent regardés comme inadmissibles ou comme rentrant dans le domaine de la loi (1). Ils se détermi-

----

(1) Deux moyens principaux ont été présentés à l'autorité pour venir au secours des incendiés de Bercy. L'un consistait à augmenter, pendant un tems déterminé, l'octroi de la banlieue et celui de Paris, de 50 centimes par hectolitre de vin, eau-de-vie et vinaigre. Ce qui aurait pu produire, en cinq années, environ la moitié de la perte.

L'autre consistait à tripler les sommes fixées pour le déroulage et le déchargement sur les ports de Paris et de la banlieue, de manière à ce que les deux tiers du produit fussent affectés aux incendiés. Ce second moyen aurait eu la même résultat dans le même espace de tems.

Il est à remarquer qu'aucun de ces deux moyens ne pouvait faire augmenter les marchandises; c'était une légère distraction que chaque commerçant, incendié ou non, prenait sur ses bénéfices, et qui servait à secourir le malheur. Ceci est d'autant plus évident, que l'augmentation n'excédant pas un franc par pièce, le vin qui pouvait être vendu la veille 150

nèrent donc à attendre l'ouverture de la session, et leur pétition présentée à la Chambre des Députés y a été accueillie avec une bienveillance qui a ranimé leur courage. Un double renvoi au Ministre de l'Intérieur et à la Commission du budget pour déterminer un fonds spécial qui leur fût appliqué, leur a fait espérer que leur sort serait bientôt fixé ; mais la discussion sur les recettes et les dépenses a commencé. On conçoit dans quelle anxiété doivent être des malheureux qui ont tout perdu (1) ; ce ne sont pas de leurs pertes entières qu'ils demandent à être indem-

---

ou 200 fr. n'aurait pas été vendu, le lendemain de l'établissement du droit, 151 ou 201 fr. Ce qui produit la hausse ou la baisse des marchandises, surtout de celles qui sont le produit du sol, c'est le plus ou le moins de rareté, le plus ou le moins de consommation.

Quoiqu'il en soit, l'un a été rejeté parce qu'il fallait, a-t-on dit, le concours des Chambres, et l'autre, parce qu'il n'a pas paru convenable à l'autorité compétente.

(1) Tous les secours distribués jusqu'à ce moment aux incendiés de Bercy, n'atteignent pas cent mille francs ; ils provenaient de dons publics et particuliers. La commission chargée de leur répartition, s'en est acquittée avec équité. Composée de négocians estimables, elle a éprouvé combien il est pénible de ne pouvoir sécher que quelques larmes.

nisés, mais que ce qu'on leur accordera puisse au moins les aider à recommencer leurs opérations commerciales.

Le mal avait besoin d'un prompt remède, et dix mois sont déjà écoulés! . . . Cependant il en est tems encore. Que l'on veuille se rappeler que ce n'est point un revenu que les incendiés ont perdu ; c'est un capital important pour eux et même pour l'état ; c'est le fruit d'un travail assidu, de longues et de sévères économies. Il n'est pas un député, pas un fonctionnaire qui n'ait au fond de son cœur le désir de réparer d'aussi grands malheurs. Les moyens sont entre leurs mains ; ce n'est point aux incendiés à les leur indiquer, ils doivent s'en rapporter à leur sagesse et attendre avec confiance un résultat qu'ils osent croire ne pouvoir que leur être favorable.

JACQUET,

l'un des incendiés de Bercy.

IMPRIMERIE DE DONDEY-DUPRÉ,

Rue St.-Louis, N°. 46, au Marais.